Paul Jandl

Gedankenspiele über das

Glück

Literaturverlag Droschl

Happy oder glücklich

Es gibt einen Witz mit zwei jüdischen Emigranten, die sich in New York auf der Straße treffen. Der eine sagt zum anderen: »Und? Bist du glücklich?« Dieser andere antwortet nicht, also versucht es der erste noch einmal: »Bist du glücklich?« Es kommt wieder keine Antwort, und er fragt: »Bist du happy?« Da sagt wiederum der andere: »Happy ja, aber glücklich …?« Wer happy ist, muss nicht glücklich sein. Das ist etwas, das wir sofort verstehen, aber nicht unbedingt erklären können. Dass es Nuancen des Glücklichseins gibt, ist Teil unserer Erfahrung. Aus unserer Erfahrung wissen wir aber auch, dass wir Glück gar nicht wirklich definieren können.

Wer kennt es nicht, das Glück? Wer es sieht, der ist sich sicher: das ist es. Aber manchmal schaut es auch nur so aus wie ein Glück. Wir haben uns getäuscht, und das macht uns dann noch unglücklicher, als wir ohne dieses hinterhältige Glück gewesen wären. Es geht auch umgekehrt. Manchmal schaut etwas so aus, als wäre es gar kein Glück, und am Ende stellt sich heraus: es war doch eines. Viele Jahre später stellt es sich heraus. Zu spät. Der Philosoph Immanuel Kant hat über das Ungefähre des Glücks auch nachgedacht. Richtig weit ist er damit nicht gekommen: »Allein es ist ein Unglück, dass der Begriff der Glückseligkeit ein so unbestimmter Begriff ist, dass obgleich jeder Mensch zu dieser zu gelangen wünscht, er doch niemals bestimmt und mit sich selbst einstimmig sagen kann, was er eigentlich wünsche und wolle.«

Das Schlechte am Glück: Es ist relativ. Das Gute am Glück: dass es relativ ist. Wer soll sich da auskennen? Es gibt aber doch immer mehr Leute, die sich auskennen. Im Jahr 2000 hatte der Buchgroßverkäufer Amazon nur 300 Titel zum Thema Glück im Angebot, heute sind es viele Tausend. Überhaupt ist das Glück überall. Es gibt die richtigen Lottozahlen. Es gibt Marmeladen, die einfach nur »Glück« heißen. Es gibt das Unterrichtsfach »Glück«. Das Königreich Bhutan hat den Begriff des »Bruttonationalglücks« eingeführt, weil es sichergehen wollte, dass seine Bürger rundum zufrieden sind und nicht nur ihr Geld zählen.

Wer nicht glücklich ist, nimmt professionelle Hilfe in Anspruch. Ganze Heere von Unglücklichen sitzen in therapeutischen Praxen, erwärmen sich für esoterische Angebote oder kaufen Ratgeber. Herr Eckart von Hirschhausen, der Arzt, der als ambulanter Kurpfuscher täglich in den Talkshows ordiniert, hat ein modernes Sachbuch mit dem Titel »Glück kommt selten allein …« geschrieben. Es wurde ein Bestseller. Frau Ines Maria Eckermann wiederum hat ein Sachbuch über antike Glückstheorien geschrieben. Es wurde kein Bestseller, aber wenn Ines Maria Eckermann Herrn Hirschhausens Erkenntnisse für »zu unspezifisch« hält, hat sie wahrscheinlich recht. Der ganze Sachbuch-Krempel à la Hirschhausen füllt die Buchläden mit Menschen, die es gerne unspezifisch haben wollen. Sie haben drogenhafte Lebenshilfebücher wie Frau Enders' »Darm mit Charme« schon zuhause, oder Herrn Hirschhausens Elaborat »Die Leber wächst mit ihren Aufgaben«. Auf Zehennägel und Zirbeldrüsen ist in der Verlagsbranche schon Titelschutz beantragt. Der Buchhandel jubelt und der millionenfach verkaufte Herr Hirschhausen sowieso. So geht Glück. Die Soziologin Eva Illouz hat kürzlich gemeinsam mit Edgar Cabanas ein Buch namens »Das Glücksdiktat« geschrieben. Auch ein Buch, das sich sehr gut verkauft. Darin steht der Satz: »Das meiste von dem, was wir für unser Glück tun, ob es uns nutzt, enttäuscht, irreführt oder nicht, nutzt unterm Strich zuallererst jenen, die die Wahrheit über das Glück zu hüten beanspruchen.«

Eine meiner frühen Ideen vom Glück hat mit zwei Holländerinnen zu tun. Wahrscheinlich waren es Freundinnen meiner Großmutter, jedenfalls waren sie plötzlich bei uns zu Besuch. Sie hießen Nell und Wib, saßen einen Sonntagnachmittag lang auf unserem Sofa und sprachen mit jenem holländischen Akzent, der Rudi Carrell im Humorgeschäft zum Durchbruch verholfen hat. Die beiden Damen, deren Verhältnis zueinander mir als Kind nicht ganz klar war, erzählten und lachten. Sie erzählten eigentlich nur, um lachen zu können. Es wäre lächerlich gewesen, hätten sie nur gelacht. *Aber so!* Die beiden Frauen waren *ein Ausbund an Glück*, wie man damals vielleicht noch gesagt hätte. Sie waren das Gegenteil jener synthetisch hergestellten guten Laune, die zu dieser Zeit schon ihren Weg in die Fernsehapparate gefunden hatte. Das Fernsehen hat es geschafft, das Glück in seine eigenen medialen Formate abzufüllen. So wie der Marmeladenproduzent das Glück. Man kann es dem Publikum nicht einmal verdenken, dass es in manchen Jahrzehnten geradezu einen Glücksnachholbedarf hatte. Herr Kulenkampff zum Beispiel war damals zur Stelle. Seine blankpolierte Art sagte uns, dass es deutsche Höflichkeitsformen gibt, die durch den Krieg nicht nur keinen Schaden genommen haben, sondern in ihrer zeitlos chevaleresken Art auch in Friedenszeiten anschlussfähig sind. Herr Kulenkampff hat während des Krieges in Russland ein paar Zehen verloren. Ihm hat sich für den Samstagabend ein Mann angeschlossen, der früher bei der SS war. Martin Jente spielte in der Fernsehshow »Einer wird gewinnen« den Butler. Zuvor hatte er in Oberbayern noch eine Kabarettgruppe gegründet, die »Die Hinterbliebenen« hieß. Kein Witz! Die perfekte Tarnung.

Früher, also nach dem Ende des Krieges, war das Glück viel harmoniesüchtiger, als es heute ist. Man kann fast sagen, es war mit Harmonie identisch. Es wölbten sich die Wolken in den Heimatfilmen, und die Gastarbeiter wurden mit Geschenkkörben empfangen.

Die siebziger Jahre waren ein einziger Film und wurden ganz in Orange gedreht. Dann kamen die achtziger Jahre. Seither ahnen wir, dass Glück, Glas und Globus vielleicht gleich sind: Wie leicht bricht das! Man kann sich auch täuschen. Retrospektiv schaut das Glück vielleicht immer glücklicher aus, als es in Wirklichkeit war. Man nennt das auch Nostalgie. Irgendetwas in uns sagt: Früher war alles besser. Geordneter. Wir kommen ja gar nicht drauf, dass wir uns die Dinge umso leichter ordnen, je länger sie zurückliegen. Mit Spannung verfolge ich die »Spiegel«-Rubrik »Früher war alles schlechter«. Da gibt es Statistiken zu verschiedenen Bereichen unseres Lebens, und es zeigt sich dann, dass, im Gegensatz zu unserer Annahme, früher gar nichts besser war. Es ist die Pointe dieser Rubrik, zu zeigen, dass unser Leben immer besser wird.

Der österreichische Minnesänger der Nostalgie heißt André Heller. An seiner laufenden

Produktion kann man ganz gut erkennen, wann das, woran wir uns erinnern, reif ist für Nostalgie. Reif für das ranzige Schmalz auf der Linse des Rückblicks. Das würde man gerne noch erleben: dass André Heller ein paar wienerische Gstanzln über die Gegenwart singt. Über Tinder und Instagram. »Für immer jung«, singt Heller, der als altes Kind geboren wurde. Für ihn müsste man ein Tinder erfinden, auf dem man sich mit Dienstmädeln oder Hula-Hula-Girls zum Millirahmstrudel verabreden kann.

Das private Glück

Die Öffentlichkeit hat ein Recht, darüber informiert zu werden, wenn es irgendwo ein Glück gibt. Deshalb möchte ich hier eine etwas private Geschichte erzählen. Es ergab sich einmal, dass ich bei einem sogenannten Literaturfestival mein Zimmer auf dem gleichen Hotelgang hatte wie die großen Dichter Friederike Mayröcker und Ernst Jandl. Sie waren einander über Jahrzehnte in Liebe, also innig, verbunden. Sie haben diese Verbundenheit aber nie eskalieren lassen. In ihrer Heimatstadt Wien wohnten sie in keiner Mietgemeinschaft. Sie wohnten getrennt. So war es auch in dem kleinen Landhotel. Die Zimmer des Dichterpaares lagen an zwei entgegengesetzten Enden des Ganges. Als sie sich am Abend am Gang voneinander verabschiedeten, war es kurz still, und dann hörte man ein sich abwechselndes, sehr wienerisches »baba!« Mayröcker und Jandl sagten wieder und wieder »baba!« und gingen mit diesem Wechselgesang ihrer Zuneigung auseinander. Das Wort wurde immer leiser, als sie sich in Richtung ihrer Zimmer entfernten. Der Schlussakkord in diesem kleinen Hörspiel war das Klappen ihrer Zimmertüren.

Ich finde, das ist eine schöne Geschichte über Gefühle, oder jedenfalls etwas, bei dem man meint, Gefühle auch von außen zu erkennen. So wie in dieser Geschichte von Mayröcker und Jandl will man sich das Glück gerne vorstellen. Als eine Gewohnheit der Liebe, in der es nicht schlimm ist, auch einmal allein zu sein. Man geht auseinander, ohne dass das gleich bedeuten würde, dass man sich auseinandergelebt hat. Zur Freude aller Glücksexperten hat der Philosoph Blaise Pascal bekanntlich einen berühmten Satz gesagt. Dass nämlich das Unglück der Menschen daher kommt, dass sie nicht ruhig in einem Zimmer bleiben können. Ich glaube, dass das Glück der Liebe auch so eine Zimmerfrage ist. Metaphorisch und ganz praktisch. Hält man es aus, mit dem anderen in einem Zimmer zu sein, und wenn ja, wie lange? Hält man es aus, mit dem anderen *nicht* in einem Zimmer zu sein? Ich neige nicht zum Türenknallen, allerdings kann ich mir vorstellen, dass es unter den Akten des häuslichen Missvergnügens einer der symbolischsten ist. Das Türenknallen verpflichtet zu nichts, ist rhetorisch aber kaum zu überbieten.

Doch zurück zum Glück. Weil dem Menschen zur Komplexität von Beziehungen oft nichts anderes einfällt, greift er gerne zu Bildern aus der Physik. Die Anziehung, dieser prototypische Magnetismus der Liebe, kann im Laufe der Jahre etwas ausleiern. Dann wird der Mensch nervös und folgt Fliehkräften, in denen vielleicht eher ein langsames Fliehen als eine wirkliche Kraft steckt. Das Unschöne an der Materialität der Liebe ist ja, dass sie ganz banalen Gesetzen der Abnützung folgen kann. Am Ende sagt man dann: Wir haben uns auseinandergelebt. Ich halte diese Formel für einen Trick. Oder einen Selbstbetrug, der wiederum mit unserem Verständnis vom Glück zu tun hat. Wer an glückliche Fügungen glaubt, der fragt sich: Wo, wenn nicht in der Liebe, soll sich bitteschön etwas glücklich fügen? Deshalb gehen unsere Erzählungen von der Liebe so: Am Anfang ist das Glück da, aber später verdünnt es sich oft. Es verdünnisiert sich. Am Ende ist es ganz weg. Vielleicht ist es in Wahrheit aber auch umgekehrt, und es geht in der Liebe darum, dass man sich zusammenlebt. Es geht darum zu sagen: Das Glück, es liegt noch vor uns!

Seit seinen altmodischen, geradezu vormodernen Zeiten hat sich am Anbahnungsmarkt einiges verändert. Er hat sich aus der bloßen und sicher manchmal auch bedenklichen Romantik herausgearbeitet und ist zu einem Ort des Kalküls geworden. Der Algorithmus einschlägiger Anstalten im Internet weist uns einander zu und arbeitet an der Rationalisierung des Liebesglücks. Dass es dabei oft zuerst um Körperliches geht, muss nicht tragisch sein. Der Körper ist ja immer noch die einzige Sache in der Liebe, die man mit Händen greifen kann. Wenn man es richtig macht, kann man sich weiter vorantasten. Ich glaube, dass die neuen Formen zur Etablierung von Beziehungen oder von etwas Beziehungsähnlichem genau so gedacht sind. Sie rechnen mit dem Schlimmsten, also fangen sie mit dem Basalen an. Das Glück ist dann das, was nach Abzug des Aufwands übrigbleibt. Diese Spesen sind heute geringer denn je. Man riskiert also nicht viel. Andererseits ist die Sache ausbaufähig. Wenn man einmal Sex hatte, kann man sich ja immer noch zusammenleben.

Es ist ein paar Jahre her, dass ich mich in Wien für irgendwelche Gelddinge bei einem Bankschalter anstellen musste. Die Schlange war lang, und ganz vorne war nach einigem Geruckel ein älterer Herr dran, der von seinem

Sparbuch etwas beheben wollte. Die Frau am Schalter fragte ihn nach dem Losungswort des Sparbuchs, aber der alte Mann hörte schlecht. Es brauchte mehrere Versuche, bis er so leise wie möglich, aber immer noch so laut, dass es die ganze Schalterhalle verstand, das Losungswort sagte. Das Losungswort war: Luise. So wie dieser ältere Herr »Luise« sagte, konnte man davon ausgehen, dass es irgendetwas mit Liebe zu tun hat. Eine ganze Geschichte lag plötzlich in der Luft der Kassenhalle und über Menschen, die ihre eigenen Erfahrungen in diesen Dingen haben. Die ihre eigenen Geschichten haben. Kann sein, dass manchen aus der Reihe vor dem Bankschalter bisher ein geradezu schlagerhaftes Glück gelacht hat. Oder opernhafte Dramen. Viele leben ihre Liebe ja wie auf einer Bühne aus. Sie brauchen dann Statisten und Souffleusen. »Externe Berater«, wie man in Politik und Wirtschaft sagt, und irgendwie sind Beziehungen ja wie Politik und Wirtschaft zugleich. Der ältere Herr und seine Luise haben auf solche Dramen vielleicht verzichtet. Und der ältere Herr hat auch nicht geahnt, dass es für seine Liebe ganz am Ende auch noch eine Bühne geben wird.

Das öffentliche Glück

»Das Glück is a Vogerl«, sagt der Wiener, so wie er sich überhaupt alles gerne etwas flüchtig vorstellt. Oder insgeheim wünscht. Die Schuld sollte noch lange nach dem Krieg ein Vogerl bleiben, von dem man hoffte, dass es sich woanders niederlässt, nur nicht bei uns. Der Österreicher hat sich historisch ja schon mehrmals ziemlich heruntergewirtschaftet. Er hat ein großes Reich verloren und es aus psychohygienischen Gründen später in einen Witz verwandelt. In jenen k.u.k.-Witz, mit dem der Phönix Fremdenverkehr noch heute ordentlich Asche macht. Der Österreicher, dem es jetzt gut geht, hat allen Grund, an das Schicksal zu glauben. An das Zufällige. Das Zufällige erscheint ihm am verlässlichsten. Wenn man sich die Welt so anschaut, hat er damit vielleicht sogar recht gehabt. Während die Deutschen nebenan an ihren Wirtschaftswundern arbeiteten, haben sich die Österreicher oft in den Gastwirtschaften herumgetrieben. Nicht jedes Klischee ist falsch. Das Klischee, dass sich zwischen dem Boden- und dem Neusiedlersee nicht nur eine angenehme Landschaft breitmacht, sondern auch ein aus lebenspraktischer Vernunft geborenes Laisser-faire, ist zu wahr, um nur schön zu sein. Der Österreicher wartet ab und schaut, was kommt. Im Lauf der Zeiten ist er ein Mitläufer, wie Karl Kraus gesagt hat. Der Herr Karl, die vielleicht noch berühmtere Emanation des österreichischen Weltgeists, sagt: »I hab eine gewisse Reife, wo mir de Dinge gegenüber abgeklärt sind«. Aufgeklärt zu sein, hieße auch, über sich selbst aufgeklärt zu sein. Wenn aber die Dinge so freundlich sind, sich uns gegenüber *abzuklären*, freut sich der Österreicher. Er muss über sich nichts erfahren, was er über sich gar nicht erfahren möchte.

Ich bin in Zeiten aufgewachsen, in denen einerseits der Herr Karl noch in vielen Österreichern weiterlebte und andererseits schon der sozialistische Sonnenkönig Bruno Kreisky regierte. Kreisky regierte in diesen Zeiten als Bundeskanzler mit absoluter Mehrheit. Seine Pirouetten, mit denen er die Kirche genauso umtänzelte wie die Künstler und die übriggebliebenen Nazis, waren sehenswert und konnten einen schwindeln machen. Meine Eltern wählten in diesen Jahren auf etwas hilflose Art die bürgerliche Partei, weil sie damals noch Anlass sahen, an deren christlichen Kern zu glauben. Ganz unchristlich war aber auch die Sozialdemokratie nicht. Sie entwickelte einen Sozialstaat mit erstaunlichen Apparaten und Apparaturen. Uns, die wir ungepflegte Sorgen hatten, ließ dieser Staat die gepflegten Wannenbäder der Wohlfahrt ein.

Bruno Kreisky war nicht nur ein Erfolgskanzler, er war auch ein Volkskanzler. Der Mann stand im österreichischen Telefonbuch. Man konnte ihn anrufen. Es gibt Fotos, wo der Kanzler auf dem Sofa seiner Döblinger Villa sitzt und sich über Fernsprechleitung mit dem Volk unterhält. Sogar die Gemeindebaubewohner mit ihren Vierteltelefonen konnten beim Regierungschef anrufen. Ein Vierteltelefon war billiger als ein ganzer Anschluss. Man musste nur warten, bis die anderen drei Vierteltelefonierer die Leitung freigegeben haben. Man gehörte einem unsichtbaren sozialen Verbund Gesprächswilliger an, ohne miteinander reden zu müssen. Es war fast wie eine Kleinpartei. Kreisky jedenfalls hatte das Standbein in der damals noch sogenannten Arbeiterklasse, das Spielbein aber immer im Bürgertum. Dort hat der Mann mit den Maßschuhen, den man gelegentlich auch einen »Salonsozialisten« nannte, alle ausgedribbelt.

Ein zeitgenössisches Bild zeigt den Kanzler in einer schillernden Szenerie, die nur deshalb in den Symbolhaushalt der Sozialdemokratie passte, weil man es in Fragen des Haushalts nicht so genau nahm. Ob Gemeindebauwohnung oder Döblinger Villa, Sozialist konnte man überall sein. Kreisky konnte sich vieles leisten, und dass er sich etwas leisten kann, hat er gern gezeigt. Auf dem besagten Foto steht der nicht gerade großgewachsene Politiker neben seiner nicht gerade kleinen Limousine der Marke Rover. Mit der Hand hält er sich am rechten Außenspiegel fest. Ungefähr so, wie sich alte Paare aneinander festhalten. Stolz und Befangenheit, bürgerliche Attitüde und Klassenrestbewusstsein sind in diesem Bild aufs Schönste vereint. Das Bild hatte sogar noch eine sozialpartnerschaftliche Verlängerung in die Wirklichkeit. Der im Grunde bürgerliche Bruno Kreisky beschäftigte einen proletarisch-antagonistischen Chauffeur, der sich gerne die Freiheit der Kritik herausnahm. Er hieß Blauensteiner und holte die gedrechselten Reden seines Chefs wieder in die Wirklichkeit des Volkes herunter. Er sagte dann: »A so a Schmarrn!«

Seit den Zeiten des seligen Herrn Blauensteiner ist die Stimme des Volkes stärker geworden. Das konsensuale Scheinglück österreichischer Nachkriegspraxis, die Sozialpartnerschaft, hat sich fast rückstandslos aufgelöst, und was »a Schmarrn« ist, sagen uns heute die österreichischen HC Straches. Anders, als man es früher vielleicht gemacht hätte, setzen die neuen Populisten auf das Unglück. Sie erklären den Leuten aus ihrer Klientel, dass diese vor allem eines seien: Pechvögel. Das Glück, sagen die Populisten, haben sich andere unter den Nagel gerissen. Das ist eine gerissene, eine wohldurchdachte Strategie, weil sie die angeblichen Pechvögel in ihrer pechvogelhaften Unzufriedenheit aufstachelt und zu einer Gemeinschaft formt. Der Pechvogel sagt sich: Ich habe Pech gehabt! Ich bin belogen und betrogen worden. Aus seinem Heim schaut er nach draußen auf das vermeintliche Glück rundum. Auf das Glück der anderen. Je kleiner der Unterschied, scheint es, umso größer die Provokation.

Das Phänomen der Kränkung geht mit Unglücksgefühlen einher, die sich summieren können. Kränkungen, die zu wenig beachtet werden, bringen neue Kränkungen hervor, und irgendwann muss es heraus: Wir sind das Volk! Heute haben wir den umgekehrten Pascal: Das Unglück der Menschheit liegt darin, dass immer mehr Menschen allein in ihren Zimmern sitzen. Sind sie allein in ihren Zimmern, dann schreiben sie gerne etwas in die Kommentarspalten der Medien oder in die sozialen Netzwerke, und da haben wir den Salat. Längst kein Politiker mehr, bei dem man direkt anrufen könnte. In Deutschland hat vor Kurzem ein Mann seinen Wagen in die Fassade des örtlichen Rathauses gefahren und ihn dann angezündet. Seine Kränkung bestand darin, dass man neben seinem Grundstück eine Tankstelle abgerissen hatte, um ein Mehrparteienhaus zu bauen.

Das Glück des Tüchtigen

Der lebenslange Marsch durch Institutionen beginnt mit der Schule. Ich erinnere mich gerne an den Weg in die Schule, wo dieser Marsch beginnen sollte. Weniger gern allerdings an die Marschbläserin, die unsere Lehrerin war. Dass man bei ihr nichts fürs Leben gelernt hätte, kann man nicht sagen. Sie war durchdrungen von einem Leistungsgedanken, der die Schwachen noch schwächer aussehen ließ. Wenn es sein musste, griff diese Lehrerin auch zur Gewalt. Dann flogen den Kurzsichtigen unter den Untüchtigen die eigenen Brillen um die Ohren.

Zu Beginn des Schuljahres zeichnete die Lehrerin einen Berg auf die Tafel, der entweder das Leben oder die Schule symbolisieren sollte. Oder beides. Irgendwie war ja das Leben auch nichts anderes als eine ewige Schule. Jedenfalls hatte es dieser auf die Tafel gezeichnete Berg in sich. Er war aus lauter Unglück gemacht. Aus Felsstürzen und möglichen Abstürzen. Aus Katastrophen, deren Ursache wir selbst waren. Die Moral vom Aufstieg war an eine Idee von Leistung gebunden, die wir Volksschüler nur bejahen konnten. Was wäre uns, bei Strafe des Sitzenbleibens, anderes übriggeblieben? An der Spitze des Berges konnte die Lehrerin mit ihrer Kreide gar nicht genug herumtrommeln. Die Spitze des Berges symbolisierte den Sieg der kleinen Menschen, die wir waren, über sich selbst. Wer die Spitze erklommen hatte, konnte es eine Weile ruhiger angehen lassen. Aber nicht zu ruhig.

Das Problem mit pädagogischen Respektspersonen ist ja, dass sie auch ein Beispiel sein müssen. Die Respektsperson, von der hier die Rede ist, war ein Beispiel für nix Gutes. Ich glaube, sie hat mit ihrer Idee vom Glück des Tüchtigen bei den Schülern viel menschliches

Unglück erzeugt. Oder Tüchtige, die seither auch zu nichts zu gebrauchen sind.

Es gibt eine trottelhafte Tüchtigkeit, die ihr Glück in dem sucht, was gut zu erreichen ist. Das Wort *tüchtig* verwendet mancher auch als Schmähwort für alle, die im Schweiße ihres Angesichts und unter restloser Aufbietung ihrer Möglichkeiten die Ziellinie überqueren. Daneben gibt es die scheinbar unangestrengte Tüchtigkeit der Selbstoptimierer. Da heißt sie auch nicht mehr Tüchtigkeit, sondern *Performance*. Ich bin mit den Top-Performern eines Grazer Automobilbauers einmal in einem kleinen Flugzeug aus Graz losgeflogen. Wer aus Graz losfliegt, schaut dabei auf einen sehr indiskreten Hügel zeitgenössischer Performance hinunter. Auf ihren Gipfel sozusagen. Auf dem großen Erdhaufen, der inmitten des Grazer Beckens steiles Gelände simulieren soll, werden die SUVs des Automobilbauers getestet. Sie fahren mit lautem Motorenbrummen den Hügel auf der einen Seite hinauf und auf der anderen wieder hinunter. Als wären die SUVs Blech gewordene Verlängerungen der im Flugzeug sitzenden Top-Performer, herrschte unter diesen eine heiter-kindische Freude.

Karriere heißt: Was tun? Was lassen? Zeichnet sich im Leben halbwegs ab, wie es karrieremäßig gelaufen ist, kann man sich fragen, ob man manches eher hätte lassen sollen. Oder tun. Neben den Karrieristen gibt es ja die Anti-Karrieristen, die beschlossen haben, sich nicht allzu sehr vor den Karren dessen spannen zu lassen, was äußerlich als Erfolg gilt. Früher gab es den »Aussteiger«. Er hat gekündigt, sein Erspartes genommen und seine Reihenhaushälfte verkauft. Irgendwo, wo es warm ist, hat er sich dann niedergelassen. Wenn das noch nicht lange her ist, dann trifft er in seiner Nachbarschaft heute auf ausgewanderte Pensionisten, die sich mit ihrer Rente ein anständiges Leben in der europäischen Heimat nicht mehr leisten können.

Neben den Ausgestiegenen und den Ausgebooteten – wer könnte da noch sagen, was ein Glück und was ein Pech ist?

Was tun?, fragt sich auch die Philosophie. Die Philosophie hat eine Arbeitsmethode erfunden, die es erlaubt, Fragen des Tuns nicht in der Praxis beantworten zu müssen, sondern nur rein theoretisch. Die Philosophie hat Imperative, die uns sagen, dass wir uns nach der Vernunft ausrichten sollen, weil die Vernunft schon ein Imperativ für sich ist. Nur mit Vernunft kommt man weiter, sagt die Philosophie, und das hat uns lange genug auch der Arbeitsmarkt gesagt. Aber der leidige Arbeitsmarkt ist auch nur ein Mensch und verändert sich. Er ist unberechenbar geworden.

»Wann immer man ihn gefragt haben würde«, hätte uns der Held aus Robert Musils »Mann ohne Eigenschaften« gesagt, dass nur eine Frage das Denken lohnt: Was »das rechte Leben« ist. Musils Ulrich ist ein untüchtig Tüchtiger oder ein tüchtiger Untüchtiger. Sein Nachdenken ist in Wahrheit natürlich schon ein Leben für sich. Ein Geistesleben. Dieses Geistesleben muss gar nicht so weit entfernt sein von der Frage, die sich heute junge Leute stellen. Wie sie es mit der Work-Life-Balance hinkriegen. Die neue Gelassenheit sieht so aus, dass man manche Dinge lieber lässt. Man kann auch einmal untüchtig sein und damit glücklich werden. Eine der rätselhaftesten Gestalten der Literatur ist Bartleby, der Schreiber. Seine Antwort auf alle Forderungen, die man an ihn stellt, ist bekanntlich: »Ich würde lieber nicht.« Ist er der glücklichste Mensch, den man sich vorstellen kann, oder der unglücklichste?

Das Glück der anderen

Mit dem Glück der anderen ist es so eine Sache. Es führt uns vor, was glücksmäßig alles geht, aber es macht uns trotzdem nicht froh. Vor einem Luxushotel in Hamburg wurde ich einmal Zeuge einer Szene, an der man sehr schön sehen konnte, wie Reichtum funktioniert. Es kam nämlich ein Herr fortgeschrittenen Alters mit seinem Ferrari-Cabriolet die Auffahrt heraufgebraust, worauf aus dem Hotel drei Kellner im Frack mit einer silbernen Speiseglocke auftauchten. Das Schwierige war, diese Speiseglocke in den winzig kleinen, im Sportwagen vorne gelegenen Kofferraum zu zirkeln. Weil so etwas im Leben nicht oft vorkommt, bin ich stehengeblieben. Ich dachte mir: Das schaust du dir an. Am Ende gelang es, und der Herr im Kaschmirwestchen war zufrieden. Als Schaulustiger konnte ich mich einer kleinen Bemerkung nicht enthalten, die auch das Wort »Dekadenz« oder ähnliches enthielt. Da antwortete der Herr nicht ohne gepflegte Melancholie. Er sagte, dass er viele Jahre in diesem Hotel gewohnt habe, jetzt aber ausgezogen sei. Auf die hervorragende Küche wolle er weiterhin nicht verzichten. Reichtum muss ein ziemlich aufreibendes Geschäft sein, wenn er Menschen dazu zwingt, sich ihr Essen mit dem Ferrari beim Luxushotel abzuholen. Zuhause hat der Herr im Kaschmirwestchen die Speiseglocke aus dem Sportwagenkofferraum wahrscheinlich wieder herausgezirkelt und sich dann allein an seinen Designertisch gesetzt. Muss man ihn beneiden? Nein. Im Gegenteil. Wenn man nicht reich ist, muss man sich mit allen Kräften gegen die Vorstellungen vom Reichtum immunisieren. Dabei helfen klassische Beruhigungsmedien wie zum Beispiel der Film. Wie oft sagt uns ein Film, dass es gar nicht schwer ist, reich zu werden. Die andere Hälfte der Filme sagt uns, dass es gar nicht schlimm ist, nicht reich zu sein. Es gibt ja noch anderes Glück: die Liebe, Haustiere, Exotik, Wohltätigkeit. Über alles das gibt es auch Filme. Ich glaube, dass wir eigentlich nur deshalb ins Kino gehen, um unser eigenes Glück zu überprüfen. Und die Filmindustrie ist in Wahrheit nur dazu da, diese Bilanz nicht allzu schlecht ausfallen zu lassen.

Unsere Wünsche in den Händen anderer in Erfüllung gehen zu sehen, ist eine Zumutung, die gar nicht so selten vorkommt. Die Bandbreite der Wünsche kann ja ziemlich groß sein. Außerdem weiß man nie, was den Wünschen gerade wieder einfällt. Mit ihnen ist es wie mit einem Hund, den man an der Leine zu führen meint, aber in Wahrheit ist er es, hinter dem wir herlaufen. Er entdeckt auch noch die seltsamsten Winkel. An diesen Orten, die irgendwo in uns drinnen sind, gibt es »geheime Wünsche«. Ein Leben lang glaubt man, dass man eigentlich alles hat, und dann stellt sich doch heraus, dass etwas fehlt. Männer in ihrer Midlife-Krise kaufen sich gelbe schnelle Autos oder verlassen ihre Frauen zugunsten von Frauen, die auch glauben, dass sie geheime Wünsche haben. Vielleicht war alles aber nur ein Irrtum, und die Erfüllung unserer Wünsche ist nicht einmal halb so interessant, wie wir dachten. Dass unser Wunsch-Ich in Wahrheit vielleicht gar nicht interessanter ist als unser ohnehin vorhandenes, also tägliches Ich, ist eine Kränkung, mit der wir zu leben lernen müssen.

Um unser Wünschen im Zaum zu halten, hat die Kirche die Todsünden erfunden. Das heißt, sie hat sich aus den Dingen, die dem Menschen Spaß machen, etwas herausgesucht, an dem sie herummäkeln kann. Aus der Perspektive der Kirche sind ja wir die anderen. Die Kirche neidet uns unser Glück. Wie es so ihre Art ist, bringt sie dabei auch Gott ins Spiel. Sie sagt: Wer Todsünden begeht, entfernt sich von Gott. Was die Todsünden auf so fatale Weise interessant macht: sie decken sich ziemlich genau mit unseren Vorstellungen und Gefühlen von Glück. Die Völlerei zum Beispiel ist ein sehr unmittelbares Glück. Und sie ist berechenbar. Schließlich gibt es Speisekarten. Sie sagen dem geübten Esser, was ihn erwartet. Die Völlerei macht auch keine großen Umstände, weil sie es nicht zu genau nimmt. Die Sünde liegt in der Menge, und an Menge ist in gewissen Teilen der Welt kein Mangel mehr. Die Völlerei hat zugenommen, und das Unglück der Menschen liegt darin, nicht abzunehmen.

Eine andere Todsünde ist die Wollust. Wer würde leugnen, dass Wollust mit Glück zu tun hat? Das Wort ist vielleicht etwas in die Jahre gekommen. »Wolllust« heißen heute, mit drei L, vielleicht nur noch ein paar lustige Strickzubehörläden in Szenebezirken. Man sagt heute Lust, aber auch mit der Lust ist es schwierig geworden. Das Wort setzt uns unter Druck, weil das, was es bezeichnet, mittlerweile so bilderreich aus den Medien quillt. Und damit sind nicht nur die klassischen Anregungsmedien gemeint. Ich habe vor einiger Zeit ein Interview mit einer Paartherapeutin gelesen, die den Klienten empfiehlt, das Wort »Lust« aus ihrem Wortschatz zu streichen, um nicht überfordert zu sein. Sie empfiehlt das Wort »Spürspaß«. Man möchte nicht gerne in Beziehungen leben, in denen das Wort »Spürspaß« vorkommt, aber man sieht daran, dass es mit dem erotischen Glück sehr kompliziert geworden ist.

Wer sich in Familie begibt

Ein Direktor des Wiener Burgtheaters, der einst sein Amt unter Schmähungen des hiesigen Kulturbetriebs antrat, weil er privat einen Porsche fuhr, hat mir beim Mittagessen im Restaurant »Vestibül« einmal einiges über sich erzählt. Er hat den schönen Satz gesagt: »Ich bin Künstler, auch wenn ich seriöse Oberhemden trage.« Irgendwie kamen wir auf das Thema Glück und Unglück, und da war er sozusagen gar nicht mehr zu bremsen. Man könne es so weit bringen wie er, das sei ein Glück, ohne Frage. Aber in einem drin schaut es doch oft ganz anders aus. Der Burgtheaterdirektor erzählte aus seiner Kindheit in Osnabrück. Er erzählte von der Textilfabrikantenfamilie und vom Geist der Achtundsechziger, der dafür gesorgt hat, dass aus seinem Vater nichts Feines wurde, sondern ein linker Tyrann. Eines Tages kam der Sohn zu seinen Eltern auf Besuch. Er war damals schon ziemlich aus dem Gröbsten heraus und arbeitete bereits am Theater. Er war fast zwei Meter groß. Es hätte alles eitel Sonnenschein sein können, aber leider schwirrte um den gemeinsamen Mittagstisch eine Fliege. Der Vater versuchte, die Fliege zu erwischen. Er holte aus, und dann kam's: der Sohn duckte sich weg. Die Scham, sich selbst für die Fliege gehalten zu haben, hat viele Jahre überdauert, sagte der Burgtheaterdirektor im »Vestibül«. Es ist ein Drama, dass man ewig Sohn bleibt, und dieses Drama schwebt fliegenhaft bis heute über den Familienmittagstischen nicht nur in Osnabrück, sondern auch in Mürzzuschlag oder New York.

Dass es gerade ernst wird im Leben, können wir daran erkennen, dass Franz Kafka schon über ähnliche Situationen geschrieben hat. Eigentlich müsste man nur Kafka lesen, um zu wissen, wie man Ernstfälle vermeidet. Allerdings wusste nicht einmal Kafka selbst, wie man das macht. »Ich zerreiße dich wie einen Fisch!«, hat Kafka senior seinen Junior manchmal angebrüllt. Das ist ein Satz, der in seiner physischen Bildlichkeit nicht mehr zu toppen ist, wie man heute sagen würde. Kafka hat später über diesen schrecklichen Satz geschrieben und darüber, wie das Unglück, das von diesem Satz ausgeht, erst allmählich und dann ein Leben lang immer weiter in ihn eingesickert ist. Am Ende war er dann so weit, zu schreiben, dass er selbst es ist, der sich zerreißt.

So ist es manchmal mit dem Unglück. Es kommt von außen daher, und wenn man mit ihm auch noch Pech hat, dringt es immer weiter ein. Familien sind bekanntlich ein Ort, an dem das Unglück besonders oft seinen Lauf nimmt. Sie sind ein Ort, an dem sich das Glück nur selten wirklich austobt. Warum das so ist, ist schwer zu sagen. Vielleicht, weil Familien der umfassendste Versuch von Glück überhaupt sind. Und das Scheitern bei diesem

Versuch kann nur ein umfassendes Scheitern sein.

Ich habe meine Mutter einmal gefragt, was sie im Leben am glücklichsten gemacht hat. Diese Frage, schon im Schlussquartal ihres Daseins gestellt, war ein Angebot, das viele Mütter nicht so schnell übersehen würden. Sie würden aus reiner Freundlichkeit zu Halbwahrheiten greifen und sagen: Meine Familie. Oder: Meine Kinder. Oder: Du, mein zweitgeborener Sohn. Meine Mutter aber sagte (und sie sagte das in allem Ernst): Der Kirchenchor. Das ist eine Antwort, mit der nicht zu rechnen war. Die Familie meiner Mutter musste nach dem Krieg die böhmische Heimat verlassen. Im Böhmerwald, unweit des Geburtsortes von Adalbert Stifter, lagen die Hügel, wo die fünf Geschwister Milchkannen aus kilometerweit entfernten Dörfern holen mussten. Es gab Teiche, in denen sich der blaue Himmel spiegelte, und den Delikatessenladen des Großvaters. Das alles, diese Heimat, hat die

Familie meiner Mutter verloren, und sie hat sich dann irgendwo auf der Welt neue Heimaten gesucht. In Paris, Brüssel und Antwerpen. In Florida und Arizona. Man kann sich vorstellen, dass die Kulminationspunkte des Unglücks im Laufe des Lebens kompensiert worden sind durch Häufungen des Glücks. Dass es nach der Flucht Fluchtpunkte des Glücklichseins gegeben hat. Irgendwo in alledem liegt dann das, das bleibt. Auch wenn es von außen gar nicht so ausschaut. Das größte Glück von allen.

Epilog

Es gibt noch eine andere schöne Geschichte von Friederike Mayröcker. Diese hat sie selbst erzählt. Sie handelt davon, welches Glück es ist, eine Schriftstellerin im emphatischsten Sinn geworden zu sein: eine Dichterin. Es gehe ihr damit genauso, schreibt Mayröcker, wie es ihrem Wiener Zahnarzt mit seinem Glück gegangen ist. Dieser in seiner Wesensart sehr bescheidene Arzt mit dem Namen Jakob Goldschmied hat es schon für eine Anmaßung gehalten, »ich« zu sagen. Er sagte immer: »Ich, Enkel des Moses Eljesa Goldschmied«. Ein wohlhabender Freund hat diesem Mann irgendwann eines seiner gebrauchten Autos geschenkt. Das war ein unverhofftes Glück. Jedes Mal, wenn sich der Zahnarzt dann ans Steuer seines Autos setzte, sagte er zu sich: »Ich, Enkel des Moses Eljesa Goldschmied, sitze am Steuer eines Autos!« Betrachtet man die Welt aus diesem philosophischen Blickwinkel, bekommt sie direkt etwas Schillerndes. Dass wir das vielleicht gar nicht fassen können, die Welt und das Glück, will uns in unserem alltäglichen Leben gar nicht einfallen. Schon das Wort Alltag bedeutet ja, dass man erfahrungsgemäß darum kein großes Getue machen muss.

Für die Art der Freude von Friederike Mayröcker und Jakob Goldschmied, Enkel des Moses Eljesa Goldschmied, gibt es einen unverdächtigen Kronzeugen. Dostojewski. Dostojewski sagt: »Der Mensch ist unglücklich, weil er nicht weiß, dass er glücklich ist.« Daran sollte man im Namen der Dichter, der Zahnärzte und aller übrigen Menschen immer denken: dass wir womöglich in Wahrheit glücklich sind. Und wenn wir es wüssten, dann würde das Glück auch wahr.

Inhalt

Happy oder glücklich..................................5

Das private Glück 13

Das öffentliche Glück...............................20

Das Glück des Tüchtigen 27

Das Glück der anderen 33

Wer sich in Familie begibt........................39

Epilog...44

Paul Jandl, geboren 1962 in Wien. Studium der Germanistik und Philosophie. Feuilletonjournalist und Literaturkritiker zuerst bei österreichischen Tageszeitungen und seit 1994 bei der Neuen Zürcher Zeitung. Einige Jahre Programmarbeit bei Literaturverlagen. Lehraufträge zur Literaturkritik an verschiedenen deutschen und österreichischen Universitäten. Von 2009 bis 2013 Mitglied der Jury beim Bachmann-Wettbewerb. Max Kade Critic in Residence an der Washington University in St. Louis 2008, Österreichischer Staatspreis für Literaturkritik 2004.

© Literaturverlag Droschl Graz – Wien 2020

Umschlag: & Co www.und-co.at
Satz: AD

Druck: Styria Print

ISBN 978-3-99059-060-7

Literaturverlag Droschl Stenggstraße 33 A-8043 Graz
www.droschl.com